7

Lk 1734.

DU PROJET
DE TARIF
DES
NOUVELLES TAXES MUNICIPALES.

RÉPONSE insérée dans le *Patriote de Saone-et-Loire*, n° 189, 11 septembre 1842, à la lettre de M. Félix Druard, insérée dans le n° 187, 7 septembre.

Le n° du Patriote, *contenant la lettre suivante, étant épuisé, les nombreuses demandes qui en ont été faites ont décidé l'Imprimeur du* Journal *a en tirer quelques nouveaux exemplaires.*

Chalon-S.S. , le 8 septembre 1842.

Monsieur FÉLIX DRUARD ,

Vous attaquez le nouveau tarif de taxes municipales proposé par la commission du Conseil de cette ville.

Membre de cette commission je défends ce projet.

Avant de vous suivre dans la discussion des articles, il est bien que vous sachiez et que personne n'ignore le but qu'on se propose.

1° Gérer la propriété communale dans l'intérêt le mieux entendu de toute la population.

1° Faire cesser de grands abus, des priviléges

1842

injustes. Rendre à la propriété particulière son importance.

3° Diminuer les charges qui pèsent plus particulièrement sur les personnes. La loi donne les moyens d'y parvenir. Elle autorise les communes à établir des taxes sur la cession de leurs propriétés, l'usage des ports, le stationnement sur les rivières, dans des limites déterminées.

La commission du conseil a vu, dans cette proposition un devoir à remplir, un devoir dont tous les citoyens doivent exiger l'accomplissement, parce qu'il aura pour résultat d'amener, autant que possible, le nivellement des charges. Ainsi, cette mesure est utile à la propriété, équitable vis-à-vis du commerce, elle est surtout favorable aux ouvriers et aux indigens, et à ces divers titres, le pays l'accueillera avec bienveillance.

Maintenant, examinons le projet.

CHAPITRE Ier.

Les droits de voirie sont exigés dans toutes les villes de quelque importance.

Ailleurs, les tarifs comprennent 50, 60 et 75 articles et le prix est souvent deux ou trois fois plus élevé qu'au projet, où le nombre des objets imposés n'est pas de 20.

Les droits proposés sur les marches, les trappons de cave, les bornes, sont regardés comme indemnité de concession ou prix d'anticipation sur la voie publique.

Une commune peut tolérer ces usages gratuitement, comme on l'a fait jusque là, les défendre, ainsi qu'on le fera probablement à Chalon-S.S., dans les rues étroites au moins ; elle peut enfin les autoriser moyennant indemnité.

Cela peut déplaire à un propriétaire par trop soigneux, à un locataire désireux d'étalage, mais tout homme raisonnable comprendra l'avantage de laisser libre la voie publique et de respecter la propriété commune, comme il désire qu'on respecte la sienne.

Tous les objets en saillie, les balcons, etc., banquettes, etc., etc., les tentes, les étalages, sont taxés au même titre.

Celui qui établit tons ces accessoires, par agrément ou par utilité, s'inquiète souvent fort peu d'obstruer la vue des habitants des étages supérieurs, le passage des voitures, et d'exposer les piétons : aussi toutes ces permissions ne doivent-elles être accordées que là où elles ne peuvent entraîner aucun de ces inconvéniens.

Il faut voir certains points de la ville, pour apprécier l'abus et quelle indemnité doit-être raisonnablement éxigée, quel empêchement doit-être apporté.

Les étalages, les enseignes se font sous toutes les formes : si une enseigne saillit de 10 centimètres aujourd'hui, on lui en donnera 20, 30, 40 et 50 en la reconstruisant, le voisin la dépassera encore s'il le peut, après avoir étalé en avant des vitraux, on déposera tonneaux, caisses de savon, ferraille, etc., tout au dehors. Enfin, aujourd'hui même, vers le milieu du jour, deux voitures de foin, de cercles ou de fagots, ne peuvent plus traverser certaines rues. Vous prétendez embellir : vous usurpez et vous encombrez dans votre intérêt privé.

Vous parlez des enseignes éclairées, dans le même sens ; mais encore une fois, ces enseignes se déploient sur la voie publique sur *la propriété de tous*, on ne vous en refuse pas l'usage, mais on exige une indemnité, plus ou moins élevée, c'est la seule chose que vous puissiez discuter.

En tout cela, on propose à la commune de permettre dans des limites raisonnables, telles que les entraves à la circulation disparaissent, mais de ne permettre que moyennant une indemnité de cession de la propriété communale.

Passons au Chapitre II, relatif au stationnement

N'est-il pas ridicule que l'on abandonne ainsi *gratuitement* les terrains, les places, etc., à des industries qui réalisent d'immenses bénéfices, quand chacun de nous est obligé de faire ses affaires chez lui, de payer un loyer relatif à leur importance ?

Quoi ! vous ne permettez pas qu'un ouvrier, un charron, un maréchal, un charpentier occupe la voie publique, vous en faites payer journellement la location au jardinier, au boucher, au cultivateur, aux plus minimes professions, elle est défendue aux cabaretiers, et vous la livrez *gratuitement* aux grandes industries, à de brillants cafés !

Qu'est donc devenue l'égalité ? où est la sollicitude de l'administration pour la propriété ? la propriété peut-elle être mise en valeur, autrement qu'en la faisant occuper ?

Si en vertu du même principe de concession vous consentez à ce que demain chacun puisse s'établir dans la rue, à l'exemple des messageries; une échoppe aussi lui suffira ou un cabinet ! quelles que soient ses affaires.

Votre système appelle l'abus , le projet l'extirpe et rend à la propriété particulière ou commune, des garanties d'utilité qui compenseront cent fois les charges.

Vous trouvez le temps de stationnement trop court, le prix de quelques articles trop élevé, dites vos motifs, les réductions que vous proposez.

Car en fait de tarif il faut des *chiffres*, et soyez persuadé que toutes vos observations seront entendues avec attention.

Vous approuvez le chapitre, au fond. La discussion le dégagera , de tout ce qu'il aurait de gênant pour le commerce, c'est, je crois en savoir quelque chose , le vœu de Messieurs les conseillers.

Vous trouvez bien , monsieur , que l'on taxe les bateaux à vapeur, mais vous ne dites pas si nous demandons trop ou trop peu. Vous nous parlez d'un brillant avenir si nous les ménageons et d'une désertion en cas d'exigence, etc. Mais vous restez sur la réserve et cependant il faut conclure.

Ces entreprises gagnent considérablement.

Il faut de l'argent. Et vous ne voulez pas en demander aux bateaux à vapeur, parce que ces bateaux apportent des voyageurs à Chalon ! Je crois, monsieur, que vous n'avez vu que la moitié de la question, c'est-à-dire que vous n'avez pas aperçu les

voyageurs que Chalon donne aux bateaux, ou plu-
tôt l'utilité de Chalon pour ces entreprises.

Quant aux bateaux ordinaires, c'est encore en
vertu des lois qu'il sera exigé un droit de stationnement et d'attache sur la rivière.

Et où peut-il être mieux justifié qu'à Chalon ?

La ville dépense plus de 220,000 fr. pour ses
ports et quais.

La traversée de Chalon, qui, aujourd'hui coûte
de 15 à 30 et 40 fr. par bateau, du linguet du canal
au-dessus du pont, s'effectuera à moitié prix, en
tout temps et sans retard.

Eh bien ! croyez-vous que les négociants qui, a
cela, obtiendront une économie immense, trouvent
bien que la ville s'en dédommage par un droit d'attache, moitié moins élevé qu'ailleurs de 1 fr. 50 c.
par mois, quand à Lyon il est de 3 fr. 50 c. et 4 f. ?
Mais au contraire ils veulent quitter Chalon, di-
sent-ils !

C'est ainsi que par des menaces vagues, ridicules,
on espère paralyser le progrès, les améliorations,
perpétuer les abus et *surtout secouer ses charges
sur les ouvriers !* . . . c'est toujours en leur nom
que se font les révolutions et l'heure des réformes
qui les intéressent n'arrive jamais, mais il faut une
fin à toutes ces honteuses déclamations.

— 8 —

Examinons - les , et d'abord voyons l'état des choses.

1º Que Chalon établisse des droits ou qu'il laisse les choses en l'état, St-Côme doit faire ce qu'il peut pour devenir plus important.

Ensuite remarquons :

2º Que toute la rive gauche de la Saone appartient à Chalon, des Piles au port Guillot.

3º Que les affaires se partagent en deux divisions, montée et décise, celle du nord et celle du midi.

Que tous les bateaux destinés pour le midi , s'amarrent à St-Côme et ne peuvent s'amarrer ailleurs, jusqu'à nouvelle disposition des bassins du Canal.

Que ceux du nord doivent au contraire s'amarrer sur Chalon.

4º Que tous les bateaux qui arrivent de Lyon pour être engagés au Canal, s'attachent encore à St-Côme quand ils ne doivent pas séjourner et que ceux qui arrivent du nord stationnent au contraire sur la commune de Chalon.

5º Que tous les bateaux qui stationnent sur la commune de St Côme durant la navigation, gênent le hallage et qu'il est prescrit de les attacher sur la commune de Chalon (rive gauche).

Maintenant il s'agit de savoir ce que fera tel ou

tel négociant pour se soustraire au droit d'attache ; ou mieux, pour entraîner les affaires à St-Côme.

Conduira-t-il son bateau vide à St-Côme ? non, parce que la remonte au linguet lui coûterait trois fois plus que le droit d'attache sur Chalon et une perte de temps variable de 2 à 4 jours, selon l'encombrement, et de dix fois le droit, si le bateau est chargé.

Ce n'est pas tout, la garde des bateaux est difficile à St-Côme, parce que les vents s'y font sentir violemment, que les bateaux chargés y sont souvent coulés.

La garde y est aussi plus dispendieuse, parce que le passage des bateaux à vapeur excite des ondulations qui rompent journellement tous les cordages.

Voilà pour les bateaux ordinaires, quant aux bateaux à vapeur, l'encombrement du port pendant la navigation et le report à la ville des marchandises et des voyageurs causeraient bien d'autres frais que ceux d'attache. En une semaine ils dépasseraient les droits demandés pour une année au port de Chalon.

Ici, au contraire, le port est sûr, le plus sûr de la Saone.

Tous les bateaux vides sont engagés au Canal en

descendant, c'est-à-dire, sans frais et sans retard, et les bateaux chargés y sont gardés facilement, parce que les fosses de la Saone y sont considérables et que rien n'y peut déranger les bateaux.

Enfin, St-Côme est inondé à chaque crue de la Saone et devient complètement impraticable.

J'entends dire que l'on créera des quais, des ports en concurrence, que l'on supprimera les octrois pour y faire accourir la population, et bien d'autres choses....

A tout cela; la réponse est facile : pour *faire* il faut de l'*argent* et St-Côme *n'a rien, entendez-vous!* St-Côme a commencé par où il aurait dû finir. Et quand ces braves voisins voudront seulement sortir de la boue des chaussées qu'ils font, ils seront obligés de s'imposer trois fois plus de charges que Chalon, ou de se jeter dans nos bras. Quant aux messageries, leur succès dépend de leur rapprochement du port et des hôtels.

En résumé, vous voyez, quel cas faire de toutes ces menaces. Les choses suivront leur cours et les revenus de la ville se réaliseront. Dans les ports, le vingtième du droit d'attache est versé à la caisse de secours des mariniers ; ici, pourquoi ne ferait-on pas de même ?

Revenons au stationnement.

Vous êtes négociant et vos clients sont nombreux ; ne trouvez-vous pas raisonnable que la taxe des boutiques ambulantes de tout genre soit élevée? N'est-ce pas un moyen de protéger le marchand domicilié, qui supporte toutes les charges, loyer, impôts, patente, et qui, au jour de la récolte, le jour du marché ou de la foire, voit quelques marchands nomades venir lui enlever sa vente, au moyen d'un rabais possible, en raison de ce qu'ils évitent toutes les charges?

Autant le colportage sert admirablement la civilisation, en portant les produits de l'industrie dans les contrées arriérées, dans les habitations isolées, autant il cause de désordre dans nos villes.

Eh bien! il en est de votre partie comme de la plupart ; et cependant, l'opinion trompée, a douté un instant de l'utilité de ce réglement.

J'ai regret de vous le dire, Monsieur, mais dans vos réclamations, vous avez confondu des choses entièrement distinctes.

Vous vous plaignez de payer le foncier, l'impôt personnel, l'impôt mobilier, la patente, de payer l'air, de payer le sel, l'octroi, et de ne pouvoir faire ensuite ce que vous voulez.

Vous savez fort bien, que nos charges sont de diverses natures.

L'état, au moyen des impôts, veille à la conservation du pays. Il entretient les routes, les canaux, les rivières ; il vous fait rendre la justice, vous appuie de la force publique.

La commune pave vos rues, les éclaire, surveille vos propriétés, les secourt en cas d'incendie, cela au moyen des contributions locales, c'est-à-dire de l'octroi et des centimes qu'elle juge à propos de percevoir.

La voirie ne vous atteint pas, si vous restez dans les limites de votre propriété; mais quand vous demandez à la communauté de vous accorder une facilité sur son terrain, il est juste, ouvrier ou négociant, que vous l'indemnisiez.

Vous dites que l'état est plus humain que la commune, qu'il n'exige l'impôt que la quatrième année.

Mais, remarquez donc qu'à cela l'état ne vous cède rien : on sait qu'une maison n'est pas occupée le lendemain de la construction, et il a été convenu que l'impôt ne serait perçu que la quatrième année ; c'est la loi, on s'y conforme. Si vous demandiez à l'état un droit quelconque, de jour, de stationnement, de construction, vous le paieriez à l'instant même où il vous serait concédé. Appliquons d'ailleurs votre observation : il en résulterait qu'un citoyen qui aurait usé, trois ans, sur un point de la propriété publique, ne devrait rien, s'il se déplaçait pour recommencer ailleurs. Une semblable règle ne serait qu'une plaisanterie.

. Ce n'est pas là ce que vous avez voulu défendre. Quant aux aubergistes, ils inspirent le plus vif intérêt ; mais votre concurrence les ruine, et le dommage que vous leur causez est sans remède.

Vous trouvez l'administration en bonne voie, et vous conseillez l'emprunt qui a le double avantage de moins charger le présent en faisant participer l'avenir aux dépenses. L'avis arrive un peu tard.

Un emprunt de 400,000 fr. et remboursable en huit années, est autorisé.

C'est par ce moyen que le paiement de tous les travaux projetés et en cours d'exécution est assuré. Mais cet emprunt absorbe l'excédant des revenus ordinaires, et cependant des besoins *peuvent* survenir.

Avec l'établissement des chemins de fer, il y aura des communications à établir entre la Citadelle et le quartier de Gloriette, et de Gloriette au port.

. La population attend et demande des *halles aux grains.*

On ne peut tarder à construire un *abattoir*, et l'an prochain, peut-être aurons-nous des *eaux à dis-*

tribuer. Et quand on pourra doter un Mont de-Piété, on arrachera des serres de l'usure toute la classe laborieuse, que de trop fréquentes interruptions de travail forcent à y recourir. (Cette proposition a été prise en considération à l'unanimité, par le conseil, et renvoyée à une commission.)

Une augmentation de ressources serait donc satisfaisante.

Sans argent, le brillant avenir dont vous nous parlez n'est qu'un rêve! Le moyen proposé au conseil pour s'en procurer, est-il le meilleur?

Je ne sais; mais jusque là, je ne vois rien de plus rationnel.

Il est bien évident pour moi que les habitants seront allégés d'autant, et que si cette taxe n'était point établie, il faudrait demander à l'octroi, qui, dans mon opinion, ne doit être qu'abaissé pour les objets de première nécessité; ce qui, du reste, a déjà été soumis au conseil.

Au reste, je suis tout disposé à adopter et soutenir tout autre moyen que vous pourrez proposer.

Je crois avoir répondu à tout ce qui, dans votre lettre, se rapporte au tarif. Mais elle commence en des termes qui m'obligent à ajouter quelques explications.

Ainsi, la commission s'est rendu compte des

charges sur les personnes et sur les choses, et elle a décidé, dès l'origine, *que les charges sur les personnes seraient diminuées.*

Elle a pensé faire un acte de raison, en proposant une taxe aussi minime sur des bateaux en valeur de *trois millions* de francs, et sur des entreprises immenses de messagerie, pour arriver à dégrèver un jour des concitoyens qui, pour toute fortune, n'ont que leur travail ; et un acte d'équité, en demandant que celui qui occuperait la propriété communale, la payât.

Sans doute, le projet de tarif n'est point parfait ; la commission l'a très bien senti et le conseil aussi, en s'empressant de le livrer à la publicité.

Le but a été atteint : des explications ont été données par les intéressés, et des modifications satisfaisantes pour tous y seront apportées.

Tel est le résultat de la mesure proposée par la commission, que ce qui sera voté le sera de l'agrément général.

Nous ne sommes ni au temps où les affaires municipales étaient traitées despotiquement, ni à celui où le citoyen qui l'osait en imposait aux municipalités. Sérieusement appelé à faire ses affaires, le peuple saura entendre avec calme les propositions qui

lui sont soumises par des hommes attentifs à n'a-
dopter que ce qui peut être réellement utile.

Puisque vous approuvez cette forme, pleine de
respect et de condescendance pour le public, il ne
vous appartenait pas, sans aucun examen des faits,
de répondre aussi légèrement à des hommes dont
le moins habile est à même d'éclairer tous vos dou-
tes, sur les causes et la portée des propositions qui
s'agitent.

Je néglige quelques autres observations que je ne
tiens pas pour sérieuses, et je crois devoir en ajourner la discussion avec vous, jusqu'à ce que vous
ayez pris connaissance des faits et des motifs qui
ont déterminé le conseil municipal, et que vous pa-
raissez ignorer complètement.

Maintenant, Monsieur, laissons là tout ce qui serait personnel, et aidons nos concitoyens à faire
quelque chose de bon pour un pays dont nous dési-
rons également la prospérité.

Agréez, etc.   B.

P. S. M. Druard reconnaissant avoir été mal in-
formé, relativement à l'enseignement musical donné
aux enfants des écoles, je m'abstiens de toute observation à cet égard.

Chalon-S.-S., Imprimerie de J. Duchesne, rue St-Antoine, 6.

N° 2.

DU PROJET

DE TARIF

DES

NOUVELLES TAXES MUNICIPALES.

RÉPLIQUE insérée au *Patriote de Saone-et-Loire*, n° 193, 23 septembre 1842, à la RÉPLIQUE de M. Félix Druard, insérée au *Patriote*, n° 190, 14 septembre 1842.

Chalon-S.S., le 18 septembre 1842.

M. Félix Druard,

Je ne vous ai répondu d'abord qu'afin de rétablir les faits et d'éclairer la question.

Aujourd'hui, je ferai de même ; après vous avoir donné quelques explications sur l'exécution du tarif,

1842

I. K 7

je vous soumettrai de courtes observations sur son application en certains cas; ensuite je répondrai à ce qui m'est personnel. — Comme l'intérêt qui s'attache à cette discussion sera d'autant mieux satisfait que nous nous abstiendrons de toute personnalité, je me bornerai à répondre à celles que vous m'avez adressées, mais seulement pour démontrer votre erreur dans tous les cas.

Livré à la critique sans exposé de motifs, le projet de tarif a donné lieu à bien des interprétations inexactes que je crois devoir signaler dès à présent.

On a pensé généralement que les droits proposés seraient exigibles immédiatement et sur tous les objets existans qui sont indiqués au tarif. Il n'en est rien.

Les jours, les ouvertures de boutiques, les marches, seuils et trappons de cave, les balcons, les enseignes *qui existent ne sont point atteints par le tarif.*

Et à l'avenir, tout ce qui sera établi en saillie sur la voie publique, seuils, balcons, marches d'escaliers, perrons, etc., donnera lieu à une taxe *une fois payée, une fois pour toujours.*

Quant au terrain cédé devant les cafés, ou autres établissements, la redevance sera payée annuellement ainsi que pour les tentes, étalages.

Revenons à quelques articles du tarif, sur lesquels il pourra être proposé des modifications en différens sens.

Le commerce de vin demande, par exemple, que, soit pendant la reconnaissance par la régie, soit durant le temps moralement indispensable à l'enlèvement, il ne soit point exigé de taxe.

Il représente qu'il est obligé de subir cet entrepôt pour satisfaire aux exigences de la régie et aux règles à observer entre les voituriers, les expéditeurs et lui; qu'il supporte les frais de garde et court les risques de détournement et d'avarie sans avantage en compensation.

Le conseil appréciera ces motifs et ceux qui seraient présentés. Mais, et déjà je puis le dire : dans la commission, le but essentiel, a toujours été d'atteindre l'entrepôt spéculatif, l'entrepôt qui a lieu en vue d'éviter l'occupation de la propriété privée.

Des conditions, qui paraissent rigoureuses, ont été posées à l'égard de MM. les Commissionnaires ; mais le but est *une indemnité*. Parce que les facilités données à Chalon, au commerce de transit, sont très-grandes ; on peut dire sans exemple et que, dans l'état des choses, la propriété communale d'un entretien si dispendieux ne doit point être livrée gratuitement (1).

Si les règles à poser sont délicates, la discussion doit amener un résultat utile.

Le stationnement des voitures n'est-il pas abusif? Ne voyons-nous pas tel aubergiste chargé d'un loyer considérable pour ses cours, appentis, etc., contrarié par tel débitant qui placera simplement ses voitures sur la voie publique?

La sollicitude de l'administration doit s'étendre aussi bien aux grandes entreprises qu'aux plus faibles citoyens.

Les temps peuvent changer les effets de ces mesures, mais ces temps sont peut-être encore éloignés; aujourd'hui, c'est justice.

Vous approuvez la taxe demandée aux messageries, peut être la trouvez-vous trop faible, comme on l'a dit hautement dans le public, mais commençons d'abord.

Il a été fait sur le droit d'attache quelques observations fort justes. La voiture de Lyon à Chalon se paie autant et plus que de Chalon à Lyon. Les chalonnais paient 4 fr. à Lyon, en ne demandant que

_____

(1) Le pavage des rues, places et quais, dépasse 10,000 francs par an, depuis dix ans.

1 fr. 5o c. à 2 f. aux lyonnais , on leur fait une faveur qui n'est pas expliquée. Ici , Monsieur , on a
encore eu le désir de composer amiablement avec le
commerce, et cette idée est sage , plus tard on peut
aviser.

On a aussi la pensée de demander la formation
d'une caisse de secours pour les mariniers, au moyen
d'un prélèvement du vingtième du droit d'attache.
Mais on ne pourra s'en occuper qu'après l'obtention
du droit.

Les droits d'attache relatifs aux bateaux à vapeur
devront être également fixés avec toute la modéra-
tion possible, et il est à présumer que les adminis-
trations fourniront elles-mêmes des documents pro-
pres à prévenir toute exagération.

Certainement les travaux de Chalon sont d'un
grand intérêt pour la navigation , mais on ne peut
se flatter de satisfaire tous les intérêts sans excep-
tion, et de rendre personnellement en améliorations,
à chacun l'équivalent des charges. Cependant avec de
très faibles dépenses et des mesures d'ordre, bien entendues, on peut servir de grands intérêts. Ainsi, en
ce moment, il n'existerait pas un pieu pour attacher
les bateaux au port de Chalon , si l'administration
des Gondoles n'en avait posé un *à ses frais* , et il
n'en faut pas un, mais vingt, sur les deux bords de

la Genise , sur la rive gauche de la Saone et au-dessus du pont.

Ensuite la plus grande économie possible dans un port consiste dans l'expédition des embarquements et débarquements , ce qui ne peut avoir lieu sans ordre, et l'ordre n'est pas possible sans un régle-ment et une surveillance spéciale.

Je ne sors point de la question , j'entre dans ces détails pour prouver que l'administration peut ren-dre, *par l'ordre,* vingt fois et cent fois le prix d'at-tache qu'elle prélèvera.

Par exemple : si un bateau en chargement éprouve, par le fait du désordre et de l'encombrement du port, un seul jour de retard ! les frais du voiturier seront augmentés de 10 à 15 fr. par le prix de loyer de son bateau, des tendues et par les journées de ses mariniers.

Eh bien ! il arrive chaque jour que des convois de décise ou des équipages sont arrêtés ou retardés par la même cause.

Les droits de voirie ont donné lieu à des attaques beaucoup plus vives, et cependant quand on exa-mine comment se passent les choses, on ne peut dis-convenir de l'exagération des plaintes.

Voyons ensemble le détail d'une opération, et vous allez en convenir :

S'il s'agit d'ouvrir ou d'agrandir un jour; après avoir demandé et obtenu l'autorisation, le maçon arrache le pavé pour planter les perches qui doivent soutenir son échafaudage. — Du premier ou du deuxième étage, il jette sur le pavé le moëllon qui provient de la démolition. Les tailles y sont déchargées sans précaution, on y façonne les appareils en brisant le pavé s'il y a lieu. Bref, pour cette réparation vous avez occupé la voie publique, causé dommage au pavé, exigé la surveillance du voyer et celle de la police, et l'on vous demande 3 fr. pour une ouverture, 2 fr. si vous avez agrandi. Puis dans le cours de l'année, la ville est obligée à une réparation de pavage, trois ou quatre fois plus élevée, résultant des dégradations! Voilà ce qui a donné lieu à tant d'observations! On est certainement dans l'erreur!

Pour moi, rien au monde ne me parait plus naturel, plus simple, que de spécialiser la dépense.

La propriété supporte les impôts versés dans les caisses de l'état. Depuis les travaux et pour les couvrir elle est chargée de 9,000 fr. par année, au profit de la commune. — Mais elle coûte et à coûté, de tout temps, chaque année, 8 à 10,000 fr.

Nous payons des pompiers, nous achetons et entretenons des pompes, nous occupons des magasins,.

un architecte, un piqueur, la police. Que trouve-t-o
d'étrange à demander à la propriété son contingent
à chaque modification en amélioration qu'elle reçoit?

On ne bâtit pas une maison sans causer à la
chose commune un dommage duquel on ne vou-
drait pas tenir compte. Je ne sais trop pourquoi; la
discussion nous l'apprendra.

Le droit de voirie, dit-on, empêchera l'embellissement! Non. Ce droit n'empêchera pas plus
l'embellissement que la prime ne l'exciterait.

Supposez un tarif de primes égales aux taxes, et
dites-moi si vous en attendriez le moindre effet d'embellissement? Non. C'est la prospérité des villes
qui en assure l'embellissement; et la prospérité, vous
savez qu'elle dépend chez nous du commerce et de
l'industrie que nous pourrons y fixer.

L'étalage, aussi, a été critiqué, Eh bien! il est
dans Chalon un grand nombre de maisons, dans
les rues les plus riches, où l'étalage ne se fait ainsi
au dehors, que parce que l'acheteur ne distinguerait
pas les objets au dedans. Le jour où vous proscrirez
l'étalage en saillie, dans les rues, ayant moins de 1
mètres, vous imprimerez un mouvement d'embellissement fécond en salubrité.

Enfin, pour apprécier l'effet des droits de voirie
sur les projets de constructions dans Chalon, il est

bien qu'on sache que le droit pour une maison neuve de la valeur de 80 à 100 mille francs, ne pourrait s'élever que de 25 à 125 fr. une fois payés, selon que le propriétaire prendrait toutes les saillies permises, ou qu'il n'en réclamerait aucune et ne serait tenu qu'au simple droit d'alignement.

Je suis réduit à discuter les objections que j'ai entendues, parce que vous n'avez pas abordé la discussion d'une manière positive. Si, comme vous, je restais dans les généralités et les suppositions, la question ne ferait pas un pas. Et cependant, il faut qu'elle marche, il faut que toutes les idées utiles soient recueillies et les erreurs éclairées.

Ce projet peut produire de 40 à 60 fr. par jour, indépendamment des droits de voirie, qui seuls portent sur la ville. Le temps est donc précieux, et surtout celui donné à des discussions vagues bien regrettable.

Vous le savez, ce n'est ni le besoin, ni l'imprévoyance qui amènent le projet, mais le simple désir de faire plus de bien sans surcharger les habitans, car leur contingent ne sera pas du vingtième du produit.

Ajournez, empruntez, votez des centimes, tous ces conseils sont excellents, Monsieur, mais le parti proposé *de faire contribuer d'abord tous et chacun*, doit avoir la priorité. Une branche du revenu public a été négligée, une industrie a été exemptée de charges, comblons cette lacune d'abord. Ce devoir nous est prescrit par les lois de nos deux révolutions, les plus favorables à une équitable répartition des charges et par les bienfaits qu'elles ont produits dans les contrées qui les ont appliquées.

Voter des centimes, emprunter, l'occasion s'en présentera bientôt peut-être, mais quelles que soient les circonstances prévues on ne doit ni négliger un produit de cette nature, ni ajourner des améliorations possibles.

On a généralement le tort de ne pas se rendre compte des économies privées que créent la plupart des établissements communaux. On murmure en voyant dépenser, de même que si l'emploi en était improductif. Ainsi, peu de personnes apprécient l'augmentation de valeur donnée aux propriétés, l'économie assurée à l'industrie et aux familles, par les diverses constructions en voie d'exécution dans Chalon, et l'opinion inquiète, repousse toute taxe, toute contribution, qu'elle accepterait avec empressement si elle pouvait en apprécier les conséquence.

Par exemple : nous payons chaque année 12, 15 ou 18 fr. pour les logements militaires, en payant le double pendant quatre ans, on s'en affranchirait à toujours, mais les habitants n'ont pas encore porté leur attention sur cette charge, la plus *vexatoire* qui soit, pour le grand nombre.

Les familles qui payaient 100, 200 et 300 fr. pour l'instruction d'un ou deux enfants, s'en trouvent dispensées au moyen d'une faible augmentation d'octroi, moins de 10 fr. par année.

Au quartier St-Laurent on trouve une mieux-value de 5, 10 et 25 pour cent dans la propriété.

D'immenses travaux vont se faire en Gloriette, qui auront les mêmes résultats.

Pouvez-vous supposer que dans cet état des choses, les habitans trouvent étranges les légères contributions qui sont proposées, et dont le produit est destiné à leur assurer de nouveaux avantages !

Vous êtes dans l'erreur.

On dit que l'impôt reste. Oui, l'impôt reste aussi long-temps que l'on veut, et quand les améliorations sont achevées on se dégrève ; car il s'agit ici d'un impôt communal.

Je vous ai parlé de tout ce que nous avons à faire à Chalon, et vous en reconnaissez l'utilité, et je suis également persuadé que vous approuveriez un Mont-de-Piété, pour arracher à l'usure tous les malheureux ouvriers exposés aux chômages par suite des interruptions de navigation.

Convenez donc qu'il faut se familiariser avec l'impôt si l'on veut obtenir des créations utiles et si désirées ici.

Chacun son opinion sur les dépenses regardées comme d'urgence ou forcées ; pour moi, elles se classent selon les époques et les sentiments des populations.

Ainsi, nous marquerons la supériorité de notre temps sur l'ancien régime, par le nombre et l'importance des établissements que nous laisserons.

Tous les bouleversements, toutes les révolutions qui installent de magnifiques principes, retrouvent les communes, après des siècles, dans l'état précaire des premiers temps, si elles ont été mal administrées, c'est-à-dire, si elles n'ont rien fondé.

Nos révolutions nous ont assuré *la liberté de faire*, mais les *moyens de faire* pour les communes, comme pour les individus, ne résultent que de leur activité et des privations et charges qu'elles s'imposent.

L'ajournement est donc mortel pour les communes, elles doivent marcher avec prudence, mesurer leurs forces, mettre de l'ordre dans leurs dépenses, mais ne jamais cesser de créer.

Passons maintenant à ce qui nous est personnel, je serai court.

1° En vous parlant des aubergistes, j'ai dû constater un fait, parce que vous sembliez vouloir attribuer plus tard au tarif l'état actuel de malaise et de mécontentement de ceux que contrarient vos habitudes.

Je vous laisse exprimer snr votre partie ce que vous croyez la vérité, je ne dois point vous suivre dans votre intérieur, mais j'ai le droit de dire que l'on attribue le succès du commerce de la rouennerie à Chalon, à des causes plus relevées, à des moyens plus honorables.

2° Vous m'avez supposé un intérêt personnel à l'adoption du tarif.

Si le tarif est utile, il le sera à toutes les propriétés du quai, depuis le linguet jusqu'à Ste-Marie, au quai St-Laurent, à toutes les places où l'on cessera de stationner indéfiniment et gratuitement, et si les propriétés sur ces divers points sont occupées autrement qu'aujourd'hui, toutes les autres propriétés de la ville seront plus recherchées.

Dans ce cas, monsieur, le résultat sera une amélioration générale et non d'un intérêt personnel.

Au cas contraire, c'est-à-dire si le tarif n'est point trop élevé, le revenu communal seul sera augmenté.

3° Vous dites que les commissionnaires pourront aller à St-Côme, où j'ai mes magasins ; il ne s'agit pas d'aller à St Côme, mais d'y faire mieux qu'à Chalon, et vous ne nous dites pas pourquoi?

Je pourrai répondre que le pont achevé, les équipages qui s'arrêtaient à St-Côme, en raison de la difficulté de traverser le linguet du canal, arriveront maintenant à Chalon, amenant avec eux le travail et la consommation.

Pour mes magasins, ils seraient encore à Chalon, si le maire de la ville, M. Royer, n'eût interdit et *fait détruire* la fabrique qu'y avait mon père, à une époque où l'on redoutait la consommation et l'augmentation de prix des vivres que pouvaient causer les établissements industriels.

4° *La fiscalité* d'un conseiller municipal, ne peut guère signifier, je crois, que le désir d'assurer des ressources pour des fondations d'utilité communale. Je ne vous dois donc, malgré l'*intention*, que des remercimens. Puissé-je, du reste, justifier votre épithète, au point de voir réaliser tout ce qui sera utile au pays.

5° Dans l'intérêt de la vérité, veuillez aussi regarder le projet de tarif comme l'œuvre de la commission. (*) Vous pouvez assumer sur moi toute

(*) La commission est composée de MM. Zolla, Chevreault, A. Thevenin, Menand et Nicolas Bidreman.

la responsabilité, si cela vous plaît, mais j'en dé-
cline l'honneur entier.

6° Enfin, Monsieur, les pièces qui suivent ré-
pondent, l'une à votre défi, l'autre à votre alléga-
tion.

N° 1.

EXTRAIT DU REGISTRE DES DÉLIBÉRATIONS
Du Conseil Municipal.
Séance du 3 mai 1842.

M. Bidreman donne lecture d'une proposition
ainsi conçue :

Le temps, à notre époque d'industrie, fait varier
chaque jour les objets de consommation et par con-
séquent le revenu des villes.

Chargés de pourvoir aux besoins de l'administration, vous devez suivre ces variations avec soin,
diminuer les taxes qui vous paraissent onéreuses à
la population et imposer les objets d'un usage
nouveau comme ceux qui auraient été omis ou né-
gligés, pour des motifs que les circonstances ont fait
cesser.

Engagée dans des travaux considérables, menacée
de dépenses plus fortes encore, la ville doit être à
même de répondre à tout ce que les événements lui
imposeront, et à cet effet, maintenir ses finances
dans le meilleur état possible.

Dans ce but, je proposerai donc au Conseil d'examiner s'il aurait lieu à percevoir un droit d'octroi.

1° Sur le gaz d'éclairage ;
2° Sur les boissons artificielles ;
3° Sur les volailles, le poisson, etc. ;
4° Sur les sables employés à la construction.

*Et de diminuer le droit d'entrée, actuellement
perçu sur le combustible, à l'usage des ouvriers, et
sur les matières alimentaires.*

Par là, Messieurs, on parviendrait à répartir les charges municipales d'une manière plus équitable et plus conforme aux sentiments de la population.

Le Conseil renvoie à l'examen d'une commission, composée de MM. Chevreault, Pugeault et Bidreman.

La commission s'est réunie le 28 juillet et a décidé qu'elle ne devrait soumettre son travail au Conseil qu'après la discussion du projet de tarif.

N° 2.

M. Boëlle, professeur de musique, qui a dirigé les enfans pour le Festival, a commencé à donner ses leçons aux jeunes filles dès le mois de mai dernier, elles étaient au nombre de 36 et 21 seulement ont chanté au grand Concert.

M. Boëlle leur a continué ses leçons jusqu'à la fin de l'année; il a en outre donné des leçons aux ouvriers qui ont figuré au Concert, jusqu'à la fin de juillet, ainsi qu'aux 40 élèves de l'école primaire supérieure, dont il est le professeur.

C'est d'après les principes musicaux qu'il a formé tous ces enfans. Sa méthode a été jugée bonne et couronnée d'un beau succès.

Voilà les renseignements que je puis certifier.

Signé : F. G...

Chalon-S.S., le 14 septembre 1842.

Un membre de la Société Philharmonique.

Agréez, etc.   B...

N° 3.

DU PROJET

DE TARIF

DES

NOUVELLES TAXES MUNICIPALES.

Chaque jour, l'opinion se rapproche du projet de
la commission du Conseil, et bientôt il n'y aura
qu'une voix en faveur de cette proposition. En
vue de ce résultat si désirable, nous donnerons
encore quelques explications.

Dans l'origine, divers articles du tarif, et particulièrement celui relatif aux enduits et badigeons,

furent vivement critiqués ; on disait que cette taxe serait un obstacle à l'embellissement de la ville, qu'il aurait mieux valu, au contraire, encourager le badigeonnage par une prime.

Aujourd'hui, cette manière de juger est moins soutenue, et bientôt elle sera entièrement abandonnée. On conçoit, en effet, que le propriétaire ne badigeonne pas sa maison pour embellir la ville, mais dans un intérêt privé parfaitement entendu, et que si le luxe et tout ce qui embellit était exempté de taxe, on serait conduit à imposer davantage ce qui est utile et de première nécessité.

Comment admettre une pareille exemption, dans un pays où la nourriture est soumise à un droit d'octroi qui dépasse l'impôt sur la propriété foncière? (1)

---

(1) Les biens de la commune de Chalon et ceux de tous les contribuables, consistent en 500 hectares et plus, de terres et prés, du prix de 5000 fr. l'un, montant à fr. . . . 2,500,000

Et en 1260 maisons estimées bien

Cet impôt est légal, il fait cesser en partie un état de choses injuste qui doit être graduellement modifié.

Cet impôt assure un soulagement certain au petit contribuable, et celui qui est aisé ne pourrait le repousser que pour diminuer sa contribution aux charges de l'état qui lui sont profitables. Il y aurait, alors de sa part, injustice à rejeter ces charges sur de plus pauvres que lui ; il y aurait folie, car l'inégale répartition de l'impôt est la principale cause des divisions et des désordres qui maintiennent dans le pays le mécontentement et la misère.

Le droit proposé sur les enduits et badigeonnages, est de cinq centimes par mètre ; c'est dire que

---

au-dessous de leur valeur, à fr.
8000 l'une 10,080,000

                                    12,580,000
Sur lesquels l'impôt foncier, centimes additionnels compris, est de   97,000 f.
Et le produit de l'octroi sur les matières alimentaires et le combustible, est de   145,000 fr. !

la réparation d'une maison *ordinaire* ne donnera lieu qu'à une taxe, *une fois payée*, de 5 à 10 fr., et que la plus importante ne coûtera pas plus de 10 à 20 fr., en moyenne.

Ce droit a été généralement trouvé minime ; mais on a attaqué le principe, et le principe est rationnel et digne de notre époque de progrès et d'équité.

Dans les grandes villes, outre la taxe proposée par la commission, on perçoit un droit d'alignement sur les constructions nouvelles. Ce droit varie de 2 à 6 fr. par mètre courant de façade à construire. C'est un point que le Conseil pourra examiner.

DALLAGE.

Nos adversaires ont souvent assimilé le dallage aux trottoirs, et réclamé pour ces derniers la franchise de toute taxe. Que l'on remarque bien que les trottoirs ne sont point compris au tarif, et que le droit sur les dallages n'est que de vingt centimes par mètre carré.

Le dallage s'établit de deux manières :

Les dalles sont appliquées contre les murs, pour les préserver des dégradations des eaux pluviales et de l'effet des sels sur les enduits;

Ou bien, elles sont placées sur le sol, en marche-pied.

Dans le premier cas, l'intérêt privé est satisfait seul et au préjudice du public, puisque la voie se trouve rétrécie par l'application des dalles en saillie sur les murs.

Dans le second cas, le public profite d'un chemin plus commode; mais le propriétaire y trouve aussi ses convenances. Cependant, une distinction entre ces deux sortes de dallage ne serait pas inutile.

Quoi qu'il en soit, il n'y a rien de vexatoire dans la taxe proposée de vingt centimes par mètre.

Pour les trottoirs, il faut les considérer comme une amélioration, une conquête en faveur des piétons, quand ils existent sur une certaine étendue; autrement, ils ne sont qu'un embarras pour eux. S'il était aujourd'hui question d'établir un trottoir de Ste-Marie au quai St-Jean, sans doute il ne serait pas étrange de solliciter un encouragement du Conseil pour cette entreprise, car elle serait d'un intérêt communal. Cette idée, d'un grand nombre de nos compatriotes, est bonne; un jour, il y sera certainement donné suite.

ENSEIGNES.

Les inscriptions et les enseignes ne sont pas encore à l'abri de toute critique; cependant, les enseignes sont en général établies en saillie sur la voie publique, et la loi leur est parfaitement applicable.

Les inscriptions sont un autre moyen d'exploiter la commune.

Les grandes entreprises locales ont recours aux inscriptions gigantesques et ne se plaignent pas du droit, elles ne demandent que la liberté de les faire.

Les fabricants de remèdes secrets, les charlatans de toutes les contrées et principalement ceux de la capitale, qui connaissent la puissance de l'annonce,

veulent la produire sous toutes les formes : ils cou
vrent nos murs de placards en tous genres. Par là,
ils arrivent à vendre directement aux consomma-
teurs, sans la moindre garantie de la bonne qua-
lité des choses qu'ils leur livrent ; ils exploitent la
commune sans supporter aucune des charges.

Il est donc juste, pour ramener l'égalité entre ces
industriels et les marchands de la cité, de taxer raisonnablement ces inscriptions.

TENTES.

Après avoir été chaudement défendues, les tentes
ont été jugées ce qu'elles sont : dans les rues, gênan-
tes pous les voitures et nuisibles aux voisins. Il serait facile de citer tel quartier de la ville où quatre
ou cinq marchands ont, sans s'en douter, détourné par
la saillie de leurs tentes les cultivateurs qui amènent
au marché des marchandises encombrantes, et qui ne
reviennent sur leurs pas pour faire leurs emplettes,
que quand ils ne peuvent faire différemment.

C'est un fait très grave.

Sur les quais, les tentes peuvent être tolérées.

Il est donc utile de limiter les dimensions des tentes et d'indiquer les rues, places et quais où elles pourront être élevées.

Les tentes gagnent aux cafés un nouveau terrain plus précieux que le salon, dans la belle saison ; aucun des propriétaires ne se plaint de l'indemnité proposée par la commission, elle est modérée, et, en effet, sans aller au-delà de Lyon, on citerait des établissements dont les propriétaires ont spontanément offert à la commune un prix de concession beaucoup plus élevé que celui proposé par la commission.

BANCS.

Les bancs des cafés, des hôtels dans les rues spacieuses ou sur les places, sont ordinairement de véritables moyens et instruments d'exploitation de ces établissements, et doivent être traités comme tels.

Le marchand qui ne peut s'absenter , l'ouvrier fa-
tigué venant prendre l'air du soir sur le banc qui ,
le plus souvent, se compose d'une planche ou d'une
marche d'escalier , trouveraient singulier qu'on exi-
geât d'eux une taxe. Ces bancs, soit en faveur de leur
destination , soit en raison de leurs faibles dimensions, ne peuvent être assimilés aux premiers.

STATIONNEMENT.

Une distinction qui , en ce moment , n'est peut-
être pas assez clairement formulée , fera cesser le
doute des fermiers qui, payant le droit de dépôt des
grains sur la place du marché, craignent d'être,
en outre, obligés au droit de stationnement de o fr.
5o c. par voiture.

Une voiture de foin, de cercles, de fagots de la
valeur de 15 à 5o fr. est soumise à nn droit de place
de 10 centimes, est-ce assez? ou bien appliquera-t-on

à ces voitures le droit de o fr. 5o c. Ce point est à fixer plus positivement.

DROIT D'ATTACHE.

Le droit d'attache des bateaux est excessivement modéré, on l'approuve généralement et l'on demande que la ville, en tirant à l'avenir, parti des bords de la rivière, établisse une police telle que les constructeurs de bateaux puissent librement exercer leur profession.

Ce n'est pas une chose sans importance que de fixer la construction des bateaux dans Chalon, aucune industrie n'occupe plus d'ouvriers, ne donne des produits plus certains à la ville et aux particuliers.

Le prix de façon d'un bateau s'élève à 3 ou 4oo fr. et il a été construit dans Chalon plus de 3oo bateaux par année (il y a peu de temps). L'établissement d'un seul bateau à vapeur donne lieu à une dépense de main d'œuvre et de fournitures considérables dans la commune.

Par exemple, dans un bateau de 65 mètres, tel que ceux en construction en ce moment, le prix de la tôle et du fer est porté à. . . 29,000 f.

Celuis des bois à. 3,000

La peinture, !a vitrerie, la serrurerie et la tapisserie coûtent. . . 12,000

La main d'œuvre ou grosse façon, les transports et bardages, s'élèvent à. . 40,000

_____

84,000 f.

La machine que reçoit un pareil bateau donne lieu à d'autres frais de pose encore très élevés.

Déjà, il a été construit à Chalon huit bateaux à peu près semblables, et quatre sont venus y prendre leur machine.

Si la facilité du travail assure de tels avantages à la commune, et l'occupation d'un nombre de propriétés en rapport avec cette population, nous devons désirer que l'administration municipale donne ses soins à ce que cette industrie trouve ici tout ce qui peut lui être utile, si peu qu'elle fasse en cela, elle dépassera toutes les munificences actuelles ; un *mois de travail* est plus utile aux ouvriers que toutes les allocations de charité, que toutes les loteries et souscriptions en leur faveur ; déjà l'administration a pris une sage mesure à cet égard : les charpentiers en bateaux étaient dans un état d'infériorité vis-à-vis de ceux des faubourgs ; et le droit d'octroi sur les bois de construction a été supprimé.

Mais il faut le répéter, ce qui est surtout indispensable pour eux, c'est l'ordre sans ordre sur la rivière, il ne leur est pas possible de tirer sur le chantier et de remettre à l'eau, à temps, les bateaux en réparation.

Ces difficultés font perdre un temps précieux aux ouvriers fûtiers, et rendent ce travail dans Chalon plus dispendieux pour les maîtres charpentiers, que dans les faubourgs.

C'est en grande partie pour échapper à ces effets du désordre, que les constructeurs se placent à St-Cômes, où cependant, le chemin de hallage sera toujours un obstacle qui favorisera Chalon. C'est aussi parce qu'il est fort difficile et souvent impossible d'aborder d'une rive à l'autre de la Saone sur la commune de Chalon que les charpentiers en bateaux prennent leur domicile à St-Côme, ou à St-Marcel, tandis qu'ils pourraient se fixer avec plus d'avantage à Chalon si le port était *en tout temps abordable* pour les bateliers, au moins sur *un point*, condition essentielle, sur laquelle nous reviendrons. Nous y reviendrons afin qu'en attendant la construction d'un pont, il soit établi *dès à présent* un bac à traille à la hauteur du port de Messageries, car il est vraiment sans exemple que, sur deux points où les relations sont si actives, il n'existe pas de moyen de communication. (1)

Maintenant, attendons une sage résolution. Les représentations des intéressés ont été entendues, soyons bien convaincus qu'elles seront prises en juste considération et que le conseil se gardant aussi bien de faiblesse que d'exagération, saura

---

(1) On porte à plus de 400 les passagers, par jour.

prudemment mettre en pratique dans la commune ce grand principe de notre révolution :

Que *tous les citoyens doivent contribuer aux charges de l'État dans la proportion de leur fortune.*

B....

Chalon-S.S., Imprimerie de J. Ducbesne, Grand'Rue, 35.